結合「國際教育」的日語教科書

こんにちは
你好④ 練習冊

國中小學
高中職　適用的第二外語教材
社區大學

東吳大學日文系
陳淑娟教授　著

給同學們的話

親愛的同學們：

　　歡迎來到新學期的日語教室！已進入了第4冊，日語不只會說，也能聽、讀、寫了吧？同時，自己能用日文上網，查尋新的資訊、新單字、新用法，是不是更增長知識了呢？這就是我們一向共同的目標！使用這本新書，繼續好好地跟著老師學習，並在教室中與同儕們，或日本朋友們用日語進行互動，那麼再經過這一冊的學習之後，日語文能力就可以再往上升一級了！

　　第4冊的程度又更進階一點喔！不過跟以前一樣，上課前首先還是請同學們仔細看每一課的「學習目標」與「自我評量」。看看「學習目標」，先有心理準備在這一課到底要學什麼。而上完了一課，大家要做做「自我評量」喔，也就是為自己打個分數，累積越多5顆星（滿分），那麼你就能越快達成目標了！萬一，有些項目未達5顆星，沒關係，可以自己再多做練習，多聽MP3音檔，直到精熟、自評滿分為止。

　　在這一冊裡，我們將準備赴日訪問之前該學會的日文或知識，包括肢體語言表達法、日本學校活動有哪些、風土民情、如何避免意外、如何防災等。如此一來與日本姊妹校的朋友就可以更深入地互動了。期待同學們透過這學期的學習，都會查詢不懂的日文，也能更自在地使用日文。另外，希望各位同學們要克服害羞的心理，熱誠勇敢地互相鼓勵達成任務。

　　跟以前一樣，同學們在課堂中一定要跟著老師做各種小組的討論、發表等活動，才能自然地使用日文。除此之外，第4冊也有閱讀，以及句型講解、書寫表達練習。雖然文章越來越長了，但訣竅是每天多聽MP3音檔跟著唸，不管是口說或書寫，就都能跟日本人溝通無礙了。不過還是提醒同學們，多聽日語，多讀日文，隨時使用日文，學完這一冊，你就是一個更高竿的日語高手了！同學們！加油囉！

陳欣妏 敬言

2020.2.12.

目次

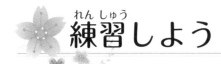

れん しゅう
練習しよう

一、請看例子，寫寫看。（漢字上方請注平假名）

1.

例

おく
ハンカチを贈ります。（いけません）

おく
→ ハンカチを贈ってはいけません。

おく
① タオルを贈ります。（いけません）

→ _____

かさ　おく
② 傘を贈ります。（いけません）

→ _____

とけい　おく
③ 時計を贈ります。（いけません）

→ _____

しつれい
④ 失礼になります。（いけません）

→ _____

註：「動詞＋てはいけません」句型意指「（做）〜是不行的」，動詞接「て」
　　的活用型請參考附録 1。

2.

例

電話番号を伝える・いい・思います。

→ 電話番号を伝えたほうがいいと思います。

① メールをする・いい・思います。

　　→ _____

② ホテルまで迎えに行く・早い・思います。

　　→ _____

③ 荷物の準備をしておく・安心だ・思います。

　　→ _____

④ 日本の習慣を知っておく・便利だ・思います。

　　→ _____

註：「動詞＋たほうがいい」句型意指「建議做〜比較好」，動詞接「た」
　　的活用型請參考附録 1。

二、請看對話的例子，寫寫看。（漢字上方請注平假名）

例

A：どうしてドライマンゴーは人気（にんき）がありますか。

B：日本（にほん）にないからです。（日本（にほん）にない）

1. A：どうしてタピオカドリンクは人気（にんき）がありますか。

　　B：＿＿＿＿＿＿＿＿＿＿＿＿＿＿＿＿＿からです。（おいしい）

2. A：どうしてそのかばんは人気（にんき）がありますか。

　　B：＿＿＿＿＿＿＿＿＿＿＿＿からです。（デザインが新（あたら）しい）

3. A：どうして日本（にほん）の商品（しょうひん）は人気（にんき）がありますか。

　　B：＿＿＿＿＿＿＿＿＿＿＿＿からです。（包装（ほうそう）がきれいだ）

4. A：どうしてその新（あたら）しい商品（しょうひん）は人気（にんき）がありますか。

　　B：＿＿＿＿＿＿＿＿＿＿＿＿＿＿からです。（使（つか）いやすい）

三、請用日文回答看看。（漢字上方請注平假名）

1. 次（つぎ）の質問（しつもん）に答（こた）えよう。

　　Q：あなたは日本（にほん）へ行（い）ったことがありますか。

　　A：はい、＿＿＿＿＿＿＿＿＿＿＿＿＿＿＿＿＿＿＿＿＿

　　or

　　A：いいえ、＿＿＿＿＿＿＿＿＿＿＿＿＿＿＿＿＿＿＿＿

2.「日本へ行く前の気持ち」を読んで、質問に答えよう。

① Q：筆者は日本へ行く前に、どんなことをしますか。（3つ書
いてください）

A：_____

A：_____

A：_____

② Q：筆者は今、どんな気持ちですか。

A：_____

ノンバーバル

練習しよう
<ruby>練<rt>れん</rt></ruby><ruby>習<rt>しゅう</rt></ruby>しよう

一、請看例子，寫寫看。（漢字上方請注平假名）

1.

例

<ruby>黒<rt>くろ</rt></ruby> → <ruby>黒<rt>くろ</rt></ruby>っぽい

① <ruby>白<rt>しろ</rt></ruby> → _____

② <ruby>茶色<rt>ちゃいろ</rt></ruby> → _____

③ <ruby>日本人<rt>にほんじん</rt></ruby> → _____

④ <ruby>外国人<rt>がいこくじん</rt></ruby> → _____

2.

例

<ruby>結婚式<rt>けっこんしき</rt></ruby>に<ruby>招待<rt>しょうたい</rt></ruby>する → <ruby>結婚式<rt>けっこんしき</rt></ruby>に<ruby>招待<rt>しょうたい</rt></ruby>される。

① パーティーに招待する → _____

② お家に招く → _____

③ コンサートに誘う → _____

註：以上動詞被動型用法請參考附録 2。

3.

例 1

肉を取りたい。しかしできない。

→ 肉が取れない。

例 2

気持ちを伝えたい。しかしできない。

→ 気持ちが伝えられない。

例 3

車を運転したい。しかしできない。

→ 車が運転できない。

註：以上動詞可能型用法請參考附録 3。

① お箸で掴みたい。しかしできない。

   → お箸で _____

② 日本語で話したい。しかしできない。

   → 日本語で _____

③ バスに乗^のりたい。しかしできない。

　→ バスに_____

4.

例

言葉^{ことば}が分^わからない・ジェスチャーでコミュニケーションをする。

→ 言葉^{ことば}が分^わからなくても、ジェスチャーでコミュニケーション
　をすることができる。

① 言葉^{ことば}が分^わからない・身振^{みぶ}り手振^{てぶ}りで気持^{きも}ちを伝^{つた}え合^あう

　→ 言葉^{ことば}が分^わからな_____ことができる。

② 言葉^{ことば}が分^わからない・表情^{ひょうじょう}で気持^{きも}ちを伝^{つた}える。

　→ 言葉^{ことば}が分^わからな_____ことができる。

③ 言葉^{ことば}が分^わからない・笑顔^{えがお}で気持^{きも}ちを表^{あらわ}す。

　→ 言葉^{ことば}が分^わからな_____ことができる。

5.

例

ジェスチャー・文化^{ぶんか}・違^{ちが}う。

→ ジェスチャーは、文化^{ぶんか}によって違^{ちが}います。

① デザイン・店・違う。

　　→ _____

② 習慣・地域・違う。

　　→ _____

③ 夜市・地方・違う。

　　→ _____

二、請用日文回答看看。（漢字上方請注平假名）

1.次の質問に答えよう。

① Q：あなたは日本のジェスチャーで数字を表すことができますか。

　　A：_____

② Q：外国人に自分の友好的な態度を伝えたい時、どんなノンバーバルがいいと思いますか。

　　A：_____

2.「ノンバーバルコミュニケーションの大切さ」を読んで、質問に答えよう。

① Q：ノンバーバルコミュニケーションとは何ですか。

　　A：_____

②Q：身振り手振りのジェスチャーは世界共通ですか。どんなものですか。

A：_____

③Q：ロボットにはできないコミュニケーションとは、どんなものですか。

A：_____

Unit 3

に ほんじんちゅうこうせい　　か ていせいかつ
日本人中高生の家庭生活

練習しよう
れん しゅう

一、請看例子，寫寫看。（漢字上方請注平假名）

1.

例1

お皿・テーブル・並べる。
　さら　　　　　　　なら

→ お皿をテーブルに並べます。
　　さら　　　　　　　　なら

例2

ドライヤー・引き出し・入れる。
　　　　　ひ　だ　　い

→ ドライヤーを引き出しに入れます。
　　　　　　　ひ　だ　　い

① スリッパ・玄関・並べる。
　　　　　げん かん　なら

　　→ _____

② 洗濯物・かご・入れる。
　せん たく もの　　　い

　　→ _____

③ 紅茶・棚の上・置く。

→ _____

2.

例

かごに入れる。

→ かごに入れて。　or → かごに入れてください。

① 自由に使う。

→ _____ or → _____

② 右に曲がる。

→ _____ or → _____

③ 私に連絡する。

→ _____ or → _____

註：以上「動詞＋て」、「動詞＋てください」的句型請參考附錄1。

3.

例

冬になる・寒い・台湾に帰りたい。

→ 冬になると、寒くて、台湾に帰りたくなりました。

① 半年ぐらい経つ・日本語が面白い・話したい。

→ _____

② 慣れてくる・スキーが面白い・楽しい。

→ _____

註：「動詞原型＋と」通常表示一種「自然的」結果，也可以說是自然現象
或是自然的行為。

「～なる」意指與過去不同「變成～」，イ形容詞以「く＋なる」表達，
「帰りたい」也一樣，以「帰りたくなりました」表示變得想家了。

二、請看對話的例子，寫寫看。（漢字上方請注平假名）

1.

例

Q：さしみを食べますか。

A：はい、よく食べます。
はい、あまり食べません。
いいえ、全然食べません。

（以上 3 種回答用法，「はい、よく～ます。」、「はい、あまり～ま
せん。」、「いいえ、全然～ません。」請依自己狀況擇一回答。）

① Q：味噌汁を飲みますか。

A：_____

② Q：肉じゃがを食べますか。

A：＿＿＿＿＿＿＿＿＿＿＿＿＿＿＿＿＿＿＿＿＿＿

③ Q：サラダを食べますか。

A：＿＿＿＿＿＿＿＿＿＿＿＿＿＿＿＿＿＿＿＿＿＿

④ Q：辛いものを食べますか。

A：＿＿＿＿＿＿＿＿＿＿＿＿＿＿＿＿＿＿＿＿＿＿

2.

例

A：すみません、ショッピングセンターへ行きたいんですが……。

B：ショッピングセンター？ 1つ目の角を右に曲がる・3分歩く・すぐ。

　→ ショッピングセンターですか。えーと、1つ目の角を右に曲がってください。3分歩くとすぐです。

① A：すみません、台北駅へいきたいんですが……。

　B：台北駅？ 100番のバスに乗る・3つ目のバス停で降りる・すぐ。

　→ ＿＿＿＿＿＿＿＿＿＿＿＿＿＿＿＿＿＿＿＿＿

② A：すみません、一番近くのコンビニに行きたいんですが……。

 B：一番近くのコンビニ？その信号を左に曲がる・100メート
　　ルぐらい歩く・すぐ。

→ _____

三、請用日文回答看看。（漢字上方請注平假名）

1.次の質問に答えよう。

Q：日本人に、さしみを勧められました。でも食べられないとき、
　　どう答えますか。

A： _____

2.「僕の留学生活」を読んで、質問に答えよう。

① Q：筆者は日本に来てすぐ日本に慣れましたか。どうでしたか。

　A： _____

② Q：筆者はどんな高校に通っていましたか。

　A： _____

③ Q：半年ぐらい経ったころから、どう変わりましたか。

　A： _____

練習しよう

一、請看例子，寫寫看。（漢字上方請注平假名）

1.

例

伊藤さん・いつも・カメラを持つ。

→ 伊藤さんはいつもカメラを持っています。

① 陳さん・いつも・携帯を持つ

→ _____

② 黄さん・いつも・白い服を着る

→ _____

③ 田中さん・いつも・ピアスをする

→ _____

註：這一類穿、戴或帶著的動詞「ている」型，是指「帶著……」，或「身穿……」、「身著……」的意思。

2.

例

（写真を見て）おもしろい → おもしろそう。

① （写真を見て）寒い → _____

② （写真を見て）おいしい → _____

③ （写真を見て）たのしい → _____

④ （顔を見て）眠い → _____

註：イ形容詞「去い＋そう」，是指「外表看起來……」的意思。如看起來
　　好冷、看起來很好吃等。

3.

例

走る → 走らなければならない。 or 走らなければいけない。
　　 → 走らなきゃいけない。（非跑不可）

① 練習する → _____ or _____

　 → _____

② 頑張る → _____ or _____

　 → _____

③ 勉強する → _____ or _____

　 → _____

4.

例

後輩が買う・くれる → 後輩が買ってくれました。

① 後輩がプレゼントする・くれる → _____

② 先輩が作る・くれる → _____

③ 友達が応援する・くれる → _____

④ お客さんが聞きに来る・くれる → _____

⑤ 友達が励ます・くれる → _____

5.

例

「がんばってね」・書く・あります
→ 「がんばってね」と書いてあります。

① 「部室」・書く・あります

　→ _____

② 「コンクール会場」・書く・あります

　→ _____

③ 「市民センター」・書く・あります

　→ _____

註：「動詞＋てある」，意指「有做好……」，例如「有寫著……」等。

二、請看對話的例子，寫寫看。（漢字上方請注平假名）

1.

例

A：この写真は、何をしているところですか。

B：（ドッジボールをする） → ドッジボールをしているところ
　　です。

① A：この写真は、何をしているところですか。

　B：（演奏する） → _____

② A：この写真は、何をしているところですか。

　B：（料理をする） → _____

③ A：この写真は、何をしているところですか。

　B：（部活の練習をする） → _____

2.

例1

A：夜、なかなか眠れない。

B：（パソコンをしない・いい）
　　→ パソコンをしないほうがいいですよ。

例2

A：最近、困っていることがあります。

B：（親友に話す・いい）　→　親友に話したほうがいいですよ。

① A：悩んでいる。

　　B：（考えすぎない・いい）

　　　　→　_____

② A：最近、よく頭が痛くなります。

　　B：（お医者さんに行く・いい）

　　　　→　_____

③ A：最近、食欲がない。

　　B：（運動する・いい）

　　　　→　_____

3.

例

A：「あされん」って何？

B：（朝、練習する）　→　あされんは、朝、練習することです。

① A：「綱引き」って何？

　　B：（2組の人たちが一本のロープを引きあう）

→ _____

② A：「二人三脚」って何？

B：（2人で横に並び、隣になっている足をひもで結び、競争する）

→ _____

③ A：「レギュラーメンバー」って何？

B：（正式な選手）

→ _____

三、請用日文回答看看。（漢字上方請注平假名）

1. 次の質問に答えよう。

Q：日本の運動会で台湾の学校にない競技がありますか。それは何ですか。

A： _____

2. 「部活の発表会」を読んで、質問に答えよう。

① Q：筆者にとって、ブラスバンドの演奏会ははじめてですか。

A： _____

② Q：演奏会を聞きに行った台湾の留学生の林欣華さんは、演奏が終わったあと、何をしましたか。

A： _____

③ Q：筆者は練習が大変で、部活を続けませんでしたか。どうしてですか。

A：＿＿＿＿＿＿＿＿＿＿＿＿＿＿＿＿＿＿＿＿＿＿＿

Unit 5　文化と風土
<small>ぶん か　　　ふう ど</small>

練習しよう
<small>れん しゅう</small>

一、請看例子，寫寫看。（漢字上方請注平假名）

1.

例

昔は伝統的な行事もあった。（推測）
<small>むかし　でん とう てき　ぎょう じ</small>

→ 昔は伝統的な行事もあったらしい。
<small>むかし　　でん とう てき　ぎょう じ</small>

① 今年のゴールデンウィークは 1 週間ぐらい。
<small>こ とし　　　　　　　　　　いっ しゅうかん</small>

　→ _____

② 台湾の衣替えは、その年の天気で、学校が決める。
<small>たい わん　ころも が　　　　とし　てん き　　がっこう　き</small>

　→ _____

③ 台湾の恋人の日はバレンタインデーだけではない。
<small>たい わん　こい びと　ひ</small>

　→ _____

2.

例

靴を脱ぐ・揃える。→ 靴を<u>脱いだら、揃える。</u>（〜的話）

① 疲れる・休む。

→ _____

② 運動する・汗をかく。

→ _____

③ 部活に入る・友達ができる。

→ _____

註：「動詞＋たら」意指「〜的話，就〜」，接動詞「た」活用型請參考附
　　錄1。

3.

例

風鈴を見る・ことがある。→ 風鈴を<u>見たことがあります。</u>

① さしみを食べる・ことがある。

→ _____

② 七夕に願い事を書く・ことがある。

→ _____

③ 日本人の家を訪問する・ことがある。

→ _____

註：「動詞＋たことがある」是指「曾經做過……」。反之，「動詞＋たことがない」是「不曾做過……」。

4.

例

大阪に「紅葉のてんぷら」で有名な公園がある。（聽說）

→ 大阪に「紅葉のてんぷら」で有名な公園があるそうです。

① 広島に「もみじまんじゅう」という和菓子がある。

→ _____

② 台湾の媽祖の祭りで、一番有名なのは大甲の祭りだ。

→ _____

③ 天神祭の夜に花火がたくさん上がる。

→ _____

註：「動詞原型＋そうだ（＝そうです）」或「名詞だ＋そうだ（＝そうです）」，或「イ形容詞＋そうだ（＝そうです）」，意指「聽說……」。

5.

例

ゴールデンウィーク・東北に行く・イシンちゃんもどう？

→ ゴールデンウィークに東北に行くんだけど、イシンちゃんもどう？

① 来週の日曜日・淡水に行く・田中さんもどう？

→ ＿＿＿＿＿＿＿＿＿＿＿＿＿＿＿＿＿＿＿＿＿＿＿＿

② 来週の土曜日・部活の発表会に行く・陳さんもどう？

→ ＿＿＿＿＿＿＿＿＿＿＿＿＿＿＿＿＿＿＿＿＿＿＿＿

③ 今年の12月・写真のコンクールに参加する・中村さんもどう？

→ ＿＿＿＿＿＿＿＿＿＿＿＿＿＿＿＿＿＿＿＿＿＿＿＿

二、請看對話的例子，寫寫看。（漢字上方請注平假名）

例

A：「紅葉狩り」って何ですか。（紅葉している景色を見て楽しむ）

B：紅葉狩りというのは、紅葉している景色を見て楽しむことです。

1. A：「みかん狩り」って何ですか。（みかんをその場で採って、食べる）

  B：＿＿＿＿＿＿＿＿＿＿＿＿＿＿＿＿＿＿＿＿＿＿＿＿＿＿

2. A：「手水鉢」って何ですか。（手を洗う水が入った石）

  B：＿＿＿＿＿＿＿＿＿＿＿＿＿＿＿＿＿＿＿＿＿＿＿＿＿＿

3. A：「絵馬」って何ですか。（願い事を書いた板）

  B：＿＿＿＿＿＿＿＿＿＿＿＿＿＿＿＿＿＿＿＿＿＿＿＿＿＿

三、請用日文回答看看。（漢字上方請注平假名）

1. 次の質問に答えよう。

① Q：日本の粽を食べたことがありますか。

  A：＿＿＿＿＿＿＿＿＿＿＿＿＿＿＿＿＿＿＿＿＿＿＿＿＿＿

② Q：日本人の家を訪ねるとき、どんなことに注意したほうがいいですか。

  A：＿＿＿＿＿＿＿＿＿＿＿＿＿＿＿＿＿＿＿＿＿＿＿＿＿＿

  ＿＿＿＿＿＿＿＿＿＿＿＿＿＿＿＿＿＿＿＿＿＿＿＿＿＿＿＿

③ Q：台湾と日本のお祭りで、一番興味を持ったお祭りは何ですか。どうしてですか。

  A：＿＿＿＿＿＿＿＿＿＿＿＿＿＿＿＿＿＿＿＿＿＿＿＿＿＿

  ＿＿＿＿＿＿＿＿＿＿＿＿＿＿＿＿＿＿＿＿＿＿＿＿＿＿＿＿

2.「紅葉狩り」を読んで、質問に答えよう。

① Q：筆者はどうしてお母さんに「紅葉はどこで採りますか」と
聞きましたか。

A：_____

_____

② Q：紅葉狩りとみかん狩りはどう違いますか。

A：_____

_____

Unit
6

<ruby>外出<rt>がいしゅつ</rt></ruby>

<ruby>練習<rt>れん しゅう</rt></ruby>しよう

一、請看例子，寫寫看。（漢字上方請注平假名）

1.

例1

<ruby>単品<rt>たん ぴん</rt></ruby>。→ <ruby>単品<rt>たん ぴん</rt></ruby>にする。（決定要）

例2

<ruby>買<rt>か</rt></ruby>う。→ <ruby>買<rt>か</rt></ruby>うことにする。

① <ruby>日本<rt>に ほん</rt></ruby>のもの。

→ _____

② <ruby>電気屋<rt>でん き や</rt></ruby>へ<ruby>行<rt>い</rt></ruby>く。

→ _____

③ <ruby>家<rt>うち</rt></ruby>に<ruby>届<rt>とど</rt></ruby>けてもらう。

→ _____

2.

例

聞いてみる。（建議）→ 聞いてみたら、どうですか。

① 行ってみる。

　→ _____

② 食べてみる。

　→ _____

③ インターネットで買ってみる。

　→ _____

3.

例

今度フリーマーケットへ行く。（邀請對方）

→ 今度フリーマーケットへ行かない。

① 部活に入る。

　→ _____

② 一緒におそろいの服を買う。

　→ _____

③ コーヒーを飲む。

→ _____

註：「動詞ない型」一般是表否定，但邀請別人「做～」時也用此型，意指
　　委婉邀別人一起做的意思，語尾音要上揚。動詞活用表請參考附錄 1。

4.

例

このミートスパゲッティがいい。

→ このミートスパゲッティが**おすすめです**。

① この T シャツがいい。→ _____

② このサイズがいい。→ _____

③ この柄がいい。→ _____

5.

例

日本人の友達がかわいいと言っていた。それで、買いました。

→ 日本人の友達がかわいいと言っていたので、買いました。

① この靴は台湾ではまだ売っていない。それで、買いました。

→ _____

② 先月、たくさん文房具を買った。それで、諦めました。

→ ＿＿＿＿＿＿＿＿＿＿＿＿＿＿＿＿＿＿＿＿＿＿＿＿＿

6.

例

最初・かわいくない・しかし・持っているうちに・好きだ。

→ 最初はかわいくないと思いましたが、持っているうちに好き
になりました。

① 最初・ゴーヤはおいしくない・しかし・食べているうちに・
好きだ。

→ ＿＿＿＿＿＿＿＿＿＿＿＿＿＿＿＿＿＿＿＿＿＿＿＿＿

② 最初・パクチーは匂いがだめだ・しかし・食べているうちに・
好きだ。

→ ＿＿＿＿＿＿＿＿＿＿＿＿＿＿＿＿＿＿＿＿＿＿＿＿＿

註：日文表示「變化」的句子多，「～と思いましたが、～うちに～になり
ました。」是指之前不覺得，可是後來不一樣了。

7.

例

ミートスパゲッティにする。（考慮想要）

→ ミートスパゲッティにしようかな。

① 新しいかばんを買う。

→ _____

② クレジットカードで買う。

→ _____

③ インフォメーションで聞く。

→ _____

④ ハンバーガーを食べる。

→ _____

註：動詞意志型是指「想要做～」的意思，語尾「かな」表尚未確定，還在
　　想的意思。動詞意志型活用表請參考附錄 1。

二、請用日文回答看看。（漢字上方請注平假名）

1. 次の質問に答えよう。

例

あなたはよくインターネットで商品を買いますか。

→ はい、よく買います。

　 はい、ときどき買います。

　 いいえ、あまり買いません。

　 いいえ、全然買いません。

（以上 4 種表示頻度的用法，「よく～ます」、「ときどき～ます」、「あ
まり～ません」、「全然～ません」，請依自己狀況擇一回答）

① Q：あなたはよくフリーマーケットへ行きますか。

A：＿＿＿＿＿＿＿＿＿＿＿＿＿＿＿＿＿＿＿＿＿＿＿＿＿＿

② Q：あなたはよくパクチーを食べますか。

A：＿＿＿＿＿＿＿＿＿＿＿＿＿＿＿＿＿＿＿＿＿＿＿＿＿＿

2.「インターネットショッピング」を読んで、質問に答えよう。

① Q：２０１６年の調査では、どのぐらいの日本の高校生がインターネットで商品を買いましたか。

A：＿＿＿＿＿＿＿＿＿＿＿＿＿＿＿＿＿＿＿＿＿＿＿＿＿＿

＿＿＿＿＿＿＿＿＿＿＿＿＿＿＿＿＿＿＿＿＿＿＿＿＿＿＿＿

② Q：日本の高校生はどんな商品を一番よく買いましたか。

A：＿＿＿＿＿＿＿＿＿＿＿＿＿＿＿＿＿＿＿＿＿＿＿＿＿＿

＿＿＿＿＿＿＿＿＿＿＿＿＿＿＿＿＿＿＿＿＿＿＿＿＿＿＿＿

③ Q：インターネットで買い物をするとき、どの支払い方が一番多いですか。

A：＿＿＿＿＿＿＿＿＿＿＿＿＿＿＿＿＿＿＿＿＿＿＿＿＿＿

＿＿＿＿＿＿＿＿＿＿＿＿＿＿＿＿＿＿＿＿＿＿＿＿＿＿＿＿

④ Q：筆者は今日、放課後、友達とインターネットショッピングをすることにしましたか。何か買いましたか。それはなぜですか。

A：＿＿＿＿＿＿＿＿＿＿＿＿＿＿＿＿＿＿＿＿＿＿＿＿＿＿

＿＿＿＿＿＿＿＿＿＿＿＿＿＿＿＿＿＿＿＿＿＿＿＿＿＿＿＿

Unit 7　アクシデント

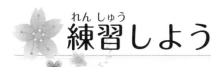

練習しよう

一、請看例子，寫寫看。（漢字上方請注平假名）

1.

例

パスケースを落とす。（V ＋てしまう）

→ パスケースを落としてしまいました。

① 授業に遅れる。（V ＋てしまう）　→ _____

② 自転車にぶつかる。（V ＋てしまう）　→ _____

③ スマホがなくなる。（V ＋てしまう）　→ _____

④ 怪我をする。（V ＋てしまう）　→ _____

⑤ 油断する。（V ＋てしまう）　→ _____

註：「動詞＋てしまう」意指「～壊了」、「不妙了」的負面意義，接「て」
　　動詞活用型，請參考附錄 1。

2.

例

パスケースを落とす。（V＋ちゃう＋た）

→ パスケースを落としちゃった。

① 授業に遅れる。（V＋ちゃう＋た）

→ _____

② 自転車にぶつかる。（V＋ちゃう＋た）

→ _____

③ スマホがなくなる。（V＋ちゃう＋た）

→ _____

④ 怪我をする。（V＋ちゃう＋た）

→ _____

⑤ 油断する。（V＋ちゃう＋た）

→ _____

註：與「動詞＋てしまう」相同意思，「（ます）型＋ちゃう」更口語，而
　　「ちゃう＋た」的用法請參考附錄1。

3.

例

大阪駅で事故があった。（好像是）

→ 大阪駅で事故があったみたい。

① パスケースをなくした。

→ _____

② ボールに当たった。

→ _____

③ 爆弾があった。

→ _____

註：「〜みたい」可接在所有詞類下，表示「好像是……」。

4.

例

友達が言う → 友達に言われる。

① 泥棒が盗む。 → _____

② 泥棒が入る。 → _____

③ 変な人が付きまとう。 → _____

④ 友達が頼む。 → _____

⑤ 知らない人が声をかける。　→ _____

註：動詞被動表達用法請參考附錄 2。

5.

例

明るい道を歩く。　→ 明るい道を歩きましょう。

① 気をつける。　→ _____

② 周りをよく観察する。　→ _____

③ 窓口まで持っていく。　→ _____

④ 警察に通報する。　→ _____

⑤ 安全なところで使う。　→ _____

⑥ 違う車両に乗る。　→ _____

⑦ 寝るときは窓を閉める。　→ _____

⑧ コンビニに入って、助けを求める。　→ _____

⑨ 痴漢やスリに注意する。　→ _____

二、請看對話的例子，寫寫看。（漢字上方請注平假名）

1.

例

A：あのー、すみません。<ruby>何<rt>なに</rt></ruby>があったんですか。

B：<ruby>事故<rt>じこ</rt></ruby>があった・<ruby>安全<rt>あんぜん</rt></ruby>のため、<ruby>止<rt>と</rt></ruby>まっている・と<ruby>言<rt>い</rt></ruby>いました。

　　→ <ruby>事故<rt>じこ</rt></ruby>があったみたいで、<ruby>安全<rt>あんぜん</rt></ruby>のため、<ruby>止<rt>と</rt></ruby>まってるんですって。

① A：あのー、すみません。<ruby>何<rt>なに</rt></ruby>があったんですか。

　 B：<ruby>線路内<rt>せんろない</rt></ruby>に<ruby>人<rt>ひと</rt></ruby>が<ruby>入<rt>はい</rt></ruby>った・<ruby>安全<rt>あんぜん</rt></ruby>のため、しばらく<ruby>待<rt>ま</rt></ruby>っている・と<ruby>言<rt>い</rt></ruby>いました。

　　　→ _____

　　　_____

② A：あのー、すみません。<ruby>何<rt>なに</rt></ruby>があったんですか。

　 B：<ruby>変<rt>へん</rt></ruby>な<ruby>人<rt>ひと</rt></ruby>がいる・<ruby>安全<rt>あんぜん</rt></ruby>のため、<ruby>近<rt>ちか</rt></ruby>づかないほうがいい・と<ruby>言<rt>い</rt></ruby>いました。

　　　→ _____

　　　_____

註：「〜んですって」是引述別人的話，「說是……」的意思。

三、請用日文回答看看。（漢字上方請注平假名）

1.次の質問に答えよう。

① Q：防犯ブザーはどんな時に使いますか。

A：_____

② Q：泥棒に入られたことがありますか。

A：_____

③ Q：怪しい紙袋を見たら、どうしたらいいですか。

A：_____

2.「安全第一」を読んで、質問に答えよう。

① Q：筆者は留学や旅行で一番大事なことは、何だと言いました
　　か。

A：_____

② Q：街で知らない人に声をかけられた時、どうしたらいいと言
　　いましたか。

A：_____

③ Q：暗くなったら、どんな道を歩いたほうがいいと言いました
　　か。

A：_____

Unit 8　<ruby>自然災害<rt>し ぜんさいがい</rt></ruby>

<ruby>練習<rt>れん しゅう</rt></ruby>しよう

一、請看例子，寫寫看。（漢字上方請注平假名）

1.

例

<ruby>台風<rt>たい ふう</rt></ruby>だ。（聽說） → <u><ruby>台風<rt>たい ふう</rt></ruby>だって。</u>

① <ruby>大雨注意報<rt>おお あめちゅう い ほう</rt></ruby>だ。

　　→ _____

② <ruby>暴風警報<rt>ぼう ふう けい ほう</rt></ruby>だ。

　　→ _____

③ <ruby>避難勧告<rt>ひ なん かん こく</rt></ruby>だ。

　　→ _____

註：「って」＝「と」，是引述別人的話，「說是……」的意思。

2.

例

暴風域？（什麼是……）→ 暴風域<u>とは？</u> ＝ <u>暴風域って？</u>

① 「おかし」？

　　→ ＿＿＿＿＿＿＿＿＿＿ ＝ ＿＿＿＿＿＿＿＿＿＿

② 余震？

　　→ ＿＿＿＿＿＿＿＿＿＿ ＝ ＿＿＿＿＿＿＿＿＿＿

③ 防災頭巾？

　　→ ＿＿＿＿＿＿＿＿＿＿ ＝ ＿＿＿＿＿＿＿＿＿＿

註：聽不懂別人的話、反問「什麼是……」時，常用的方式。

3.

例

「この地域に大雨注意報が出た」って、お知らせが来たよ。
→ 「この地域に大雨注意報が出た」<u>と</u>、お知らせ来たよ。

① 暴風の警報が出たら、休みだって、言ってたよ。

　　→ ＿＿＿＿＿＿＿＿＿＿＿＿＿＿＿＿＿＿＿＿＿

② 先生に遅刻するって、伝えてもらえるかな。

　　→ ＿＿＿＿＿＿＿＿＿＿＿＿＿＿＿＿＿＿＿＿＿

③明日の夕方は友達の家に行くって、言ってたよね。

→ _____

④日本では「自然災害への準備をしっかりしましょう」って、
呼びかけています。

→ _____

4.

例

安心する。だめ。 → 安心<u>しちゃ</u>だめ。

① 逃げる。だめ。 → _____

② 人を押す。だめ。 → _____

③ 走る。だめ。 → _____

④ しゃべる。だめ。 → _____

5.

例

安心しちゃだめ。 → 安心<u>しては</u>だめ。 ＝ 安心<u>しては</u>いけない。

① 逃げちゃだめ。

→ _____ ＝ _____

② 人を押しちゃだめ。

→ _____ = _____

③ 走っちゃだめ。

→ _____ = _____

④ しゃべっちゃだめ。

→ _____ = _____

6.

例

（變成）買い物に行けない。

→ <u>買い物に行けなくなりました。</u> = <u>買い物に行けなくなった。</u>

① 商品が来ない。

→ _____ = _____

② 家族に電話したい。

→ _____ = _____

③ 暗い。

→ _____ = _____

二、請看對話的例子，寫寫看。（漢字上方請注平假名）

例

A：どうして滑り止めの靴を履かなければならないの。

B：滑る。 → 滑るかもしれないから。

1. A：どうして地震のとき早く建物から離れなければならない
の。

B：ガラスや看板が落ちてくる。 → ＿＿＿＿＿＿＿＿＿

2. A：どうして懐中電灯がなければならないの。

B：停電する。 → ＿＿＿＿＿＿＿＿＿＿＿＿＿＿

3. A：どうして救急箱がなければならないの。

B：怪我をする。 → ＿＿＿＿＿＿＿＿＿＿＿＿＿

三、請用日文回答看看。（漢字上方請注平假名）

1.次の質問に答えよう。

① Q：建物の中にいる時、地震が起きたら、どうしたらいいです
か。

A：＿＿＿＿＿＿＿＿＿＿＿＿＿＿＿＿＿＿＿＿＿

② Q：地下街にいる時、大雨になったら、どうしたらいいですか。

A：＿＿＿＿＿＿＿＿＿＿＿＿＿＿＿＿＿＿＿＿＿

③ Q：避難するときのかばんに一番入れたいものは何ですか。ど
　　うしてですか。

A：＿＿＿＿＿＿＿＿＿＿＿＿＿＿＿＿＿＿＿＿＿＿＿＿＿＿＿

A：＿＿＿＿＿＿＿＿＿＿＿＿＿＿＿＿＿＿＿＿＿＿＿＿＿＿＿

2.「自然災害への準備」を読んで、質問に答えよう。

① Q：筆者は日本では非常時のために、どんなことを準備してい
　　ると言いましたか。（2 つ挙げてください。）

A：＿＿＿＿＿＿＿＿＿＿＿＿＿＿＿＿＿＿＿＿＿＿＿＿＿＿＿

A：＿＿＿＿＿＿＿＿＿＿＿＿＿＿＿＿＿＿＿＿＿＿＿＿＿＿＿

② Q：筆者は自然災害で日本の友達に連絡ができなくなった時、
　　どのようにしたらいいとすすめていますか。どうしてです
　　か。

A：＿＿＿＿＿＿＿＿＿＿＿＿＿＿＿＿＿＿＿＿＿＿＿＿＿＿＿

A：＿＿＿＿＿＿＿＿＿＿＿＿＿＿＿＿＿＿＿＿＿＿＿＿＿＿＿

Note

Unit 1　日本を訪問する準備

一、請看例子，寫寫看。

1. ① タオルを贈ってはいけません。

   ② 傘を贈ってはいけません。

   ③ 時計を贈ってはいけません。

   ④ 失礼になってはいけません。

2. ① メールをしたほうがいいと思います。

   ② ホテルまで迎えに行ったほうが早いと思います。

   ③ 荷物の準備をしておいたほうが安心だと思います。

   ④ 日本の習慣を知っておいたほうが便利だと思います。

二、請看對話的例子，寫寫看。

1. おいしい

2. デザインが新しい

3. 包装がきれいだ

4. 使いやすい

三、請用日文回答看看。

1. ①はい、あります。or いいえ、ありません。

2. ①（無固定答案）いろいろ調べます。荷物の準備をします。日本人の友達に
   メールをして、ホームステイ先の住所と電話番号を伝えます。お土産を買い
   ます。日本語を勉強します。（以上答案皆可）

   ②（無固定答案）ワクワクしています。忙しいけれども、幸せな気持ちです。
   両親に感謝しています。

Unit 2　ノンバーバル

一、請看例子，寫寫看。

1. ① 白_{しろ}っぽい　② 茶色_{ちゃいろ}っぽい　③ 日本人_{にほんじん}っぽい　④ 外国人_{がいこくじん}っぽい

2. ① パーティーに招待_{しょうたい}される。　② お家_{うち}に招_{まね}かれる。　③ コンサートに誘_{さそ}われる。

3. ① 掴_{つか}めない。　② 話_{はな}せない。　③ 乗_のれない。

4. ① くても、身_み振_ぶり手_て振_ぶりで気_き持_もちを伝_{つた}え合_あう

   ② くても、表情_{ひょうじょう}で気_き持_もちを伝_{つた}える

   ③ くても、笑顔_{えがお}で気_き持_もちを表_{あらわ}す

5. ① デザインは、店_{みせ}によって違_{ちが}います。

   ② 習慣_{しゅうかん}は、地域_{ちいき}によって違_{ちが}います。

   ③ 夜市_{よいち}は、地方_{ちほう}によって違_{ちが}います。

二、請用日文回答看看。

1. ① はい、できます。or いいえ、できません。

   ② （無固定答案）笑顔_{えがお}が一番_{いちばん}いいでしょう。

2. ① （無固定答案）ノンバーバルコミュニケーションとは表情_{ひょうじょう}、態度_{たいど}、視線_{しせん}や身_み振_ぶり手_て振_ぶりなどで、コミュニケーションをとることです。

   ② いいえ、世界共通_{せかいきょうつう}ではありません。文化_{ぶんか}によって違_{ちが}います。

   ③ 例_{たと}えば、笑顔_{えがお}、友好的_{ゆうこうてき}な態度_{たいど}、視線_{しせん}のコミュニケーションです。

Unit 3　日本人中高生_{にほんじんちゅうこうせい}の家庭生活_{かていせいかつ}

一、請看例子，寫寫看。

1. ① スリッパを玄関_{げんかん}に並_{なら}べます。　② 洗濯物_{せんたくもの}をかごに入_いれます。

   ③ 紅茶_{こうちゃ}を棚_{たな}の上_{うえ}に置_おきます。

2. ① 自由_{じゆう}に使_{つか}って。or → 自由_{じゆう}に使_{つか}ってください。

   ② 右_{みぎ}に曲_まがって。or → 右_{みぎ}に曲_まがってください。

   ③ 私_{わたし}に連絡_{れんらく}して。or → 私_{わたし}に連絡_{れんらく}してください。

3. ① 半年_{はんとし}ぐらい経_たつと、日本語_{にほんご}が面白_{おもしろ}くて、話_{はな}したくなりました。

② 慣_なれてくると、スキーが面白_{おもしろ}くて、楽_{たの}しくなりました。

二、請看對話的例子，寫寫看。

1. ①（無固定答案）はい、よく飲_のみます。 or あまり飲_のみません。 or いいえ、全然_{ぜんぜん}飲_のみません。

②（無固定答案）はい、よく食_たべます。 or あまり食_たべません。 or いいえ、全然_{ぜんぜん}食_たべません。

③（無固定答案）はい、よく食_たべます。 or あまり食_たべません。 or いいえ、全然_{ぜんぜん}食_たべません。

④（無固定答案）はい、よく食_たべます。 or あまり食_たべません。 or いいえ、全然_{ぜんぜん}食_たべません。

2. ① 台北駅_{たいぺいえき}ですか。えーと、100番_{ひゃくばん}のバスに乗_のってください。3つ目_めのバス停_{てい}で降_おりるとすぐです。

② 一番近_{いちばんちか}くのコンビニですか。えーと、その信号_{しんごう}を左_{ひだり}に曲_まがってください。100メートルぐらい歩_{ある}くとすぐです。

三、請用日文回答看看。

1.（無固定答案）冷_{つめ}たいものはちょっと……。

2. ① いいえ、始_{はじ}めのころは日本_{にほん}に慣_なれませんでした。日本語_{にほんご}が理解_{りかい}できませんでした。

②（無固定答案）長野県_{ながのけん}の山_{やま}の中_{なか}にある高校_{こうこう}です。自然_{しぜん}がきれいな学校_{がっこう}です。

③（無固定答案）半年_{はんとし}ぐらい経_たったころから、日本語_{にほんご}が聞_きき取_とれるようになりました。スキーもだんだん楽_{たの}しくなりました。

Unit 4　学校行事_{がっこうぎょうじ}

一、請看例子，寫寫看。

1. ① 陳_{ちん}さんはいつも携帯_{けいたい}を持_もっています。

② 黄_{こう}さんはいつも白_{しろ}い服_{ふく}を着_きています。

③ 田中_{たなか}さんはいつもピアスをしています。

2. ① 寒そう。　② おいしそう。　③ たのしそう。　④ 眠そう。

3. ① 練習しなければならない。 or 練習しなければいけない。

　　→ 練習しなきゃいけない。

　② 頑張らなければならない。 or 頑張らなければいけない。

　　→ 頑張らなきゃいけない。

　③ 勉強しなければならない。 or 勉強しなければいけない。

　　→ 勉強しなきゃいけない。

4. ① 後輩がプレゼントしてくれました。　② 先輩が作ってくれました。

　③ 友達が応援してくれました。　④ お客さんが聞きに来てくれました。

　⑤ 友達が励ましてくれました。

5. ①「部室」と書いてあります。

　②「コンクール会場」と書いてあります。

　③「市民センター」と書いてあります。

二、請看對話的例子，寫寫看。

1. ① 演奏しているところです。

　② 料理をしているところです。

　③ 部活の練習をしているところです。

2. ① 考えすぎないほうがいいですよ。

　② お医者さんに行ったほうがいいですよ。

　③ 運動したほうがいいですよ。

3. ① 綱引きは、2組の人たちが一本のロープを引きあうことです。

　② 二人三脚は、2人で横に並び、隣になっている足をひもで結び、競争すること
　　です。

　③ レギュラーメンバーは、正式な選手のことです。

三、請用日文回答看看。

1.（無固定答案）はい、あります。たとえば、玉入れはないです。

2. ① いいえ、はじめてではありません。何回か経験があります。

② 林欣華さんは筆者に花束とカードをプレゼントしました。

③ いいえ、音楽が大好きですし、みんなが応援してくれているので、続けたいと言いましたから。

Unit 5　文化と風土

一、請看例子，寫寫看。

1. ① 今年のゴールデンウィークは 1 週間ぐらいらしい。

　② 台湾の衣替えは、その年の天気で、学校が決めるらしい。

　③ 台湾の恋人の日はバレンタインデーだけではないらしい。

2. ① 疲れたら、休む。　② 運動したら、汗をかく。　③ 部活に入ったら、友達ができる。

3. ① さしみを食べたことがあります。

　② 七夕に願い事を書いたことがあります。

　③ 日本人の家を訪問したことがあります。

4. ① 広島に「もみじまんじゅう」という和菓子があるそうです。

　② 台湾の媽祖の祭りで、一番有名なのは大甲の祭りだそうです。

　③ 天神祭の夜に花火がたくさん上がるそうです。

5. ① 来週の日曜日に淡水に行くんだけど、田中さんもどう？

　② 来週の土曜日に部活の発表会に行くんだけど、陳さんもどう？

　③ 今年の 12 月に写真のコンクールに参加するんだけど、中村さんもどう？

二、請看對話的例子，寫寫看。

1. みかん狩りというのは、みかんをその場でって、食べることです。

2. 手水鉢というのは、手を洗う水が入った石採のことです。

3. 絵馬というのは、願い事を書いた板のことです。

三、請用日文回答看看。

1. ①（無固定答案）はい、あります。 or いいえ、ありません。

　②（無固定答案）たとえば、食事の時間を避けることです。

③（無固定答案）たとえば、私は日本の阿波おどりに一番興味があります。というのは、楽しそうだからです。

2. ①筆者は紅葉狩りはみかん狩りと同じだと思ったからです。紅葉をいっぱい採ることだと考えました。

②紅葉狩りとは、紅葉の景色を見て楽しむことですが、しかし、みかん狩りとはみかんをその場で採って食べることです。

Unit 6　外出

一、請看例子，寫寫看。

1. ①日本のものにする。　②電気屋へ行くことにする。　③家に届けてもらうことにする。

2. ①行ってみたら、どうですか。　②食べてみたら、どうですか。　③インターネットで買ってみたら、どうですか。

3. ①部活に入らない。　②一緒におそろいの服を買わない。　③コーヒーを飲まない。

4. ①このシャツがおすすめです。　②このサイズがおすすめです。

③この柄がおすすめです。

5. ①この靴は台湾ではまだ売っていないので、買いました。

②先月、たくさん文房具を買ったので、諦めました。

6. ①最初はゴーヤはおいしくないと思いましたが、食べているうちに好きになりました。

②最初はパクチーは匂いがだめだと思いましたが、食べているうちに好きになりました。

7. ①新しいかばんを買おうかな。　②クレジットカードで買おうかな。

③インフォメーションで聞こうかな。　④ハンバーガーを食べようかな。

二、請用日文回答看看。

1. ①（無固定答案）はい、よく行きます。 or はい、ときどき行きます。 or いいえ、あまり行きません。 or いいえ、全然行きません。

②（無固定答案）はい、よく食べます。 or はい、ときどき食べます。 or いいえ、

あまり食べません。 or いいえ、全然食べません。

2. ① 3人に1人がインターネットで商品を買いました。

② 1年生と2年生では洋服や靴を買う人が一番多かったが、3年生は本を買う人が一番多かったです。

③ コンビニでお金を支払う人が一番多かったです。

④ 友達にインターネットショッピングをしようと誘われましたが、何も買いませんでした。やはり節約したほうがいいかと思ったからです。

Unit 7　アクシデント

一、請看例子，寫寫看。

1. ① 授業に遅れてしまいました。　② 自転車にぶつかってしまいました。

③ スマホがなくなってしまいました。　④ 怪我をしてしまいました。

⑤ 油断してしまいました。

2. ① 授業に遅れちゃった。　② 自転車にぶつかっちゃった。

③ スマホがなくなっちゃった。　④ 怪我をしちゃった。

⑤ 油断しちゃった。

3. ① パスケースをなくしたみたい。　② ボールに当たったみたい。

③ 爆弾があったみたい。

4. ① 泥棒に盗まれる。　② 泥棒に入られる。　③ 変な人に付きまとわれる。

④ 友達に頼まれる。　⑤ 知らない人に声をかけられる。

5. ① 気をつけましょう。　② 周りをよく観察しましょう。

③ 窓口まで持っていきましょう。　④ 警察に通報しましょう。

⑤ 安全なところで使いましょう。　⑥ 違う車両に乗りましょう。

⑦ 寝るときは窓を閉めましょう。

⑧ コンビニに入って、助けを求めましょう。

⑨ 痴漢やスリに注意しましょう。

二、請看對話的例子，寫寫看。

① 線路内に人が入ったみたいで、安全のため、しばらく待ってるんですって。

② 変な人がいるみたいで、安全のため、近づかないほうがいいんですって。

三、請用日文回答看看。

1. ①（無固定答案）誰かに助けてほしいときに、使います。

　　②（無固定答案）はい、あります。 or いいえ、ありません。

　　③ 警察に通報しましょう。

2. ①「一番大事なことは、何といっても安全です」と言いました。

　　②「『友達と約束があるので』と言って、立ち去りましょう」と言いました。

　　③「なるべく、明るい道を歩きましょう」と言いました。

Unit 8　自然災害

一、請看例子，寫寫看。

1. ① 大雨注意報だって。　② 暴風警報だって。　③ 避難勧告だって。

2. ①「おかし」とは？ ＝「おかし」って？

　　② 余震とは？ ＝ 余震って？

　　③ 防災頭巾とは？ ＝ 防災頭巾って？

3. ① 暴風の知らせが出たら、休みだと、言ってたよ。

　　② 先生に遅刻すると、伝えてもらえるかな。

　　③ 明日の夕方は友達の家に行くと、言ってたよね。

　　④ 日本では「自然災害への準備をしっかりしましょう」と、呼びかけています。

4. ① 逃げちゃだめ。　② 人を押しちゃだめ。　③ 走っちゃだめ。

　　④ しゃべっちゃだめ。

5. ① 逃げてはだめ。 ＝ 逃げてはいけない。

　　② 人を押してはだめ。 ＝ 人を押してはいけない。

　　③ 走ってはだめ。 ＝ 走ってはいけない。

　　④ しゃべってはだめ。 ＝ しゃべってはいけない。

6. ① 商品が来なくなりました。 ＝ 商品が来なくなった。

② 家族に電話したくなりました。 ＝ 家族に電話したくなった。

③ 暗くなりました。 ＝ 暗くなった。

二、請看對話的例子，寫寫看。

1. ガラスや看板が落ちてくるかもしれないから。

2. 停電するかもしれないから。

3. 怪我をするかもしれないから。

三、請用日文回答看看。

1. ①（無固定答案）机やテーブルの下に入ってください。

②（無固定答案）早く地上に逃げてください。

③（無固定答案）例えば、救急箱です。怪我するかもしれないからです。

2. ①（無固定答案）例えば、大きな地震があって、電車が止まってしまったら、どうやって帰るか普段からよく考えて準備すること。避難しなければならなくなったら、どうしたらいいか家族と話し合うこと。自分の住んでいる地域の情報を集めておくこと。

②（無固定答案）少し待ってから連絡したほうがいいと言いました。なぜかというと、被害の状況と気持ちを考えなければならないからです。

附錄 1

動詞的活用表　第一類型

ます型	て・た・たら型	ない型	意志型	原型	中文
会います	会って・会った	会わない	会おう	会う	見面
言います	言って・言った	言わない	言おう	言う	說
買います	買って・買った	買わない	買おう	買う	買
違います	違って・違った	違わない	*	違う	不同
使います	使って・使った	使わない	使おう	使う	使用
出会います	出会って・出会った	出会わない	*	出会う	見面，相逢
あります	あって・あった	*ない	*	ある	有
帰ります	帰って・帰った	帰らない	帰ろう	帰る	回家
かかります	かかって・かかった	かからない	*	かかる	花費
作ります	作って・作った	作らない	作ろう	作る	做
なります	なって・なった	ならない	なろう	なる	成為

泊<ruby>と</ruby>まります	泊<ruby>と</ruby>まって・泊<ruby>と</ruby>まった	泊<ruby>と</ruby>まらない	泊<ruby>と</ruby>まろう	泊<ruby>と</ruby>まる	住宿
入<ruby>はい</ruby>ります	入<ruby>はい</ruby>って・入<ruby>はい</ruby>った	入<ruby>はい</ruby>らない	入<ruby>はい</ruby>ろう	入<ruby>はい</ruby>る	進來
流行<ruby>はや</ruby>ります	流行<ruby>はや</ruby>って・流行<ruby>はや</ruby>った	流行<ruby>はや</ruby>らない	*	流行<ruby>はや</ruby>る	流行
守<ruby>まも</ruby>ります	守<ruby>まも</ruby>って・守<ruby>まも</ruby>った	守<ruby>まも</ruby>らない	守<ruby>まも</ruby>ろう	守<ruby>まも</ruby>る	遵守，守護
住<ruby>す</ruby>みます	住<ruby>す</ruby>んで・住<ruby>す</ruby>んだ	住<ruby>す</ruby>まない	住<ruby>す</ruby>もう	住<ruby>す</ruby>む	住
飲<ruby>の</ruby>みます	飲<ruby>の</ruby>んで・飲<ruby>の</ruby>んだ	飲<ruby>の</ruby>まない	飲<ruby>の</ruby>もう	飲<ruby>の</ruby>む	喝
読<ruby>よ</ruby>みます	読<ruby>よ</ruby>んで・読<ruby>よ</ruby>んだ	読<ruby>よ</ruby>まない	読<ruby>よ</ruby>もう	読<ruby>よ</ruby>む	讀
書<ruby>か</ruby>きます	書<ruby>か</ruby>いて・書<ruby>か</ruby>いた	書<ruby>か</ruby>かない	書<ruby>か</ruby>こう	書<ruby>か</ruby>く	寫
聞<ruby>き</ruby>きます	聞<ruby>き</ruby>いて・聞<ruby>き</ruby>いた	聞<ruby>き</ruby>かない	聞<ruby>き</ruby>こう	聞<ruby>き</ruby>く	聽
履<ruby>は</ruby>きます	履<ruby>は</ruby>いて・履<ruby>は</ruby>いた	履<ruby>は</ruby>かない	履<ruby>は</ruby>こう	履<ruby>は</ruby>く	穿（鞋、裙、褲）
行<ruby>い</ruby>きます	*行<ruby>い</ruby>って・行<ruby>い</ruby>った	行<ruby>い</ruby>かない	行<ruby>い</ruby>こう	行<ruby>い</ruby>く	去

★注意看畫下線的地方，可發現「て・た・たら型」的變化有規則，但是「*」記號處為「例外」。另外「意志型」空欄位處是該動詞為「非意志型動詞」，因此無該用法，下表亦同。

動詞的活用表　第二類型

ます型	て・た・たら型	ない型	意志型	原型	中文
開けます	開けて・開けた	開けない	開けよう	開ける	打開
上げます	上げて・上げた	上げない	上げよう	上げる	舉起
温めます	温めて・温めた	温めない	温めよう	温める	溫熱
います	いて・いた	いない	＊	いる	在・有（生命物）
行われます	行われて・行われた	行われない	＊	行われる	舉行
片付けます	片付けて・片付けた	片付けない	片付けよう	片付ける	整理・清理
捨てます	捨てて・捨てた	捨てない	捨てよう	捨てる	捨棄
染めます	染めて・染めた	染めない	染めよう	染める	染（色）
できます	できて・できた	できない	＊	できる	會，能
見られます	見られて・見られた	見られない	＊	見られる	可見到

動詞的活用表　第三類型

ます型	て・た・たら型	ない型	意志型	原型	中文
（アルバイト）します	（アルバイト）して・（アルバイト）した	（アルバイト）しない	（アルバイト）しよう	（アルバイト）する	打工
来ます	来て・来た	来ない	来よう	来る	來

注解：本冊與「アルバイトする」相同的動詞很多，這類動詞本身也當名詞，也可以用「アルバイトをする」的句型表達。因此第三類型只有「する」、「来る」而已。與「アルバイトする」一樣屬「する」的有以下詞彙，請自行參照變化。

おしゃべりする（聊天）	びっくりする（驚嚇）
ネットショッピングする（網購）	ピアスする（穿耳洞）
運動する（運動）	メイクする（化妝）
掃除する（打掃）	外出する（外出）
紹介する（介紹）	ハイキングする（郊遊）
投稿する（上傳）	ダウンロードする（下載）
昼寝する（睡午覺）	太極拳する（打太極拳）
成長する（成長）	インタビューする（訪談）

附錄 2

被動型表達法

1. 第一類動詞：言う、使う、頼む、守る、聞く、誘う、笑う、盗む、入る、付きまとう

將ます型之前的母音換成「a＋れる」就得到被動型了。

例如：言われる（被說）、使われる（被用）、頼まれる（被拜託）、守られる（被保護）、聞かれる（被問，被聽）、誘われる（被邀請）、笑われる（被笑）、盗まれる（被偷）、入られる（被潛入）、付きまとわれる（被跟蹤）。

2. 第二類動詞：捨てる、見る

將ます型換成「られる」就得到被動型了，此型與可能型的外貌一樣。

例如：捨てられる（被拋棄）、見られる（被看到）。

3. 第三類動詞：紹介する，直接換成「紹介される」。「来る」是例外，請直接變成「来られる」。

被動表達法以「接受他人的心理行為、語言行為」的用法居多，如：笑われる（被笑）、叱られる（挨罵）、褒められる（受誇讚）、言われる（被說）、誘われる（被邀請）等，正面與負面都有。

句型結構如下：

(1) 父が私を褒めた。 → （私は）父に褒められました。
(2) 友達が私を笑った。 → （私は）友達に笑われました。
(3) 先生が私に仕事を頼んだ。 → 〔私は〕先生から仕事を頼まれました。
(4) 〔泥棒〕が財布を盗んだ。 → 〔私は〕泥棒に財布を盗まれました。

附錄 3

可能型表達法

1. 第一類動詞：会う、言う、買う、使う、取る、贈る

   將ます型之前的母音換成「e＋る」就得到可能型了。

   例如：会える（能見面）、言える（能說）、買える（能買）、使える（能用）、取れる（能取）、贈れる（能送）。

2. 第二類動詞：開ける、上げる、温める、いる、片付ける、捨てる、見る

   將ます型換成「られる」就得到可能型了。

   例如：開けられる（能開）、上げられる（能舉）、温められる（能加熱）、片付けられる（能收拾）、捨てられる（能丟）、見られる（能見）。

3. 第三類動詞：アルバイトする，「する」直接換成「できる」。例如：アルバイトできる。「来る」是「来られる」。

   另外，以上三類皆可套「動詞（原型）＋ことができる」的句型來表達（能……）的意思。亦即：会うことができる、開けることができる、アルバイトすることができる、来ることができる。